Cómo ser un influencer en LinkedIn: La guía completa paso a paso para construir una marca personal, involucrar a tu red y monetizar tu experiencia.

Por Yeshwanth Vepachadu

Derechos de autor © 2024 Yeshwanth Vepachadu.

Todos los derechos reservados.

Ninguna parte de este libro puede ser reproducida, distribuida o transmitida en forma alguna ni por ningún medio, incluidos el fotocopiado, la grabación u otros métodos electrónicos o mecánicos, sin el permiso previo por escrito del autor, excepto en el caso de citas breves incluidas en reseñas críticas y otros usos no comerciales permitidos por la ley de propiedad intelectual. Para solicitar permiso, póngase en contacto con el autor

Descargo de responsabilidad:

La información contenida en este libro tiene únicamente fines informativos generales. Todos los consejos se basan en experiencias e investigaciones personales. El autor no asume responsabilidad alguna por cualquier error u omisión en el contenido de este libro. El lector asume toda la responsabilidad por el uso de la información proporcionada. El éxito en LinkedIn o en los negocios depende de una serie de factores, y los resultados variarán en función del esfuerzo individual, la experiencia y el contexto.

Tabla de contenidos:

Introducción: Por qué LinkedIn es tu fuente de influencia.................7

Capítulo 1: Cómo crear un perfil magnético en LinkedIn................8

Capítulo 2: Identificar su nicho y su público......................16

Capítulo 3: Cómo crear contenidos que resuenen......................25

Capítulo 4: Crear compromiso y comunidad......................35

Capítulo 5: Aprovechar los análisis de LinkedIn para mejorar.........45

Capítulo 6: Crear una marca personal en LinkedIn......................54

Capítulo 7: Ampliar su red de contactos e influencia......................59

Capítulo 8: Evitar los errores más comunes y mantener la autenticidad......................66

Capítulo 9: Cómo rentabilizar su influencia en LinkedIn 71

Conclusiones: El camino por recorrer 80

Lista de control de ejecución de 90 días: Tu hoja de ruta para influir en LinkedIn......................82

Prefacio

En el mundo hiperconectado de hoy en día, crear una marca personal ya no es un lujo reservado a los altos ejecutivos o a los famosos, sino que es necesario para los profesionales de todos los sectores. Tanto si eres propietario de una empresa, consultor, coach o alguien que asciende en la escala corporativa, tu presencia en LinkedIn puede abrirte puertas, crear oportunidades y posicionarte como un líder de opinión del sector. Sin embargo, convertirse en una persona influyente en LinkedIn no se consigue de la noche a la mañana. Requiere una combinación de estrategia, autenticidad y esfuerzo constante.

He escrito este libro para que te sirva de guía paso a paso en este viaje. El objetivo es sencillo: ayudarte a navegar por el ecosistema de LinkedIn con claridad y determinación para que puedas construir una marca personal convincente, relacionarte con el público adecuado y, en última instancia, aumentar tu influencia. Este libro cubre todos los aspectos de la influencia en LinkedIn, desde la participación de tu comunidad hasta la monetización de tu experiencia, desde la optimización del perfil hasta la creación de contenido que resuene.

A lo largo de los años, LinkedIn se ha convertido en una próspera red profesional. En ella se hacen negocios, se crean asociaciones, se avanza en la carrera profesional y surgen líderes de opinión. Pero el camino para convertirse en una persona influyente en LinkedIn no es solo cuestión de números: se trata de añadir valor real, establecer conexiones significativas y ser fiel a lo que eres.

Le invito no sólo a leer las ideas y estrategias de este libro, sino a ponerlas en práctica. Este libro no es sólo para la lectura pasiva, es para la acción. Cada capítulo está diseñado para ser práctico y ayudarte a dar pasos cuantificables en tu viaje por LinkedIn. Al final, espero que no sólo conozcas las estrategias, sino que te sientas capacitado para construir una presencia importante, tanto para tu carrera como para la comunidad que te rodea.

El camino para convertirse en un influencer de LinkedIn está abierto a todo el mundo: tu viaje comienza aquí.

Introducción: Por qué LinkedIn es tu fuente de influencia

En el mundo de las redes profesionales, LinkedIn es la plataforma definitiva para crear influencia. Lo que empezó como una simple red de contactos se ha convertido en una comunidad global de profesionales, líderes de opinión y marcas que se conectan de forma poderosa.

¿Por qué debería usted, como profesional, preocuparse por LinkedIn? La respuesta es sencilla: LinkedIn es el lugar donde pasan su tiempo los responsables de la toma de decisiones, los reclutadores y los profesionales de todo el mundo. Con más de 900 millones de miembros en todos los sectores, LinkedIn ofrece a cualquiera la oportunidad de mostrar su experiencia, entablar relaciones significativas e impulsar el crecimiento profesional, o incluso crear una marca personal rentable.

Este manual te guiará paso a paso para convertirte en una persona influyente en LinkedIn. Cada capítulo te proporcionará las herramientas que necesitas para crear un perfil destacado, elaborar contenidos atractivos, ampliar tu red de contactos y convertir tu presencia en LinkedIn en una poderosa herramienta profesional.

Capítulo 1: Crear un perfil magnético en LinkedIn

Tu perfil de LinkedIn es tu tarjeta de visita, tu portafolio y tu presentación personal, todo en uno. A menudo es el primer punto de contacto que alguien tiene contigo, y las primeras impresiones importan. En este capítulo, veremos cómo crear un perfil de LinkedIn magnético que no solo llame la atención, sino que también establezca tu credibilidad.

1.1 La importancia de una buena primera impresión

Cuando alguien visita tu perfil de LinkedIn, decide si conecta contigo en los primeros 10 segundos. Piénsalo por un momento: 10 segundos. Si tu perfil no les llama la atención, seguirán adelante y dejarán pasar la oportunidad de conocer el valor que ofreces.

Un perfil bien optimizado puede convertir a los visitantes ocasionales en seguidores, contactos e incluso clientes. En este capítulo te explicamos cómo asegurarte de que cada sección de tu perfil de LinkedIn funcione a tu favor, desde tu foto de perfil hasta tus logros.

1.2 Foto de perfil e imagen de fondo: El tono adecuado

La foto de perfil y la imagen de fondo son lo primero que ven los visitantes. Los estudios demuestran que los perfiles con fotos profesionales reciben muchas más visitas. Piense en su foto como la cara de su marca. Debe transmitir profesionalidad, calidez y cercanía.

Medidas de actuación:

- Utilice un retrato de alta calidad en el que parezca seguro, accesible y profesional. Asegúrese de que el fondo esté limpio y no distraiga la atención.
- Sonría. Una cara amable anima a la gente a conectar.
- Evita las fotos informales, las fotos de grupo o las imágenes mal iluminadas. Si quieres convertirte en influencer, invierte en una foto profesional.

Imagen de fondo: Tu imagen de fondo es un elemento clave para reforzar tu marca. Puede ser un diseño personalizado que represente su trabajo, un elemento visual sencillo pero atrevido o incluso una imagen suya en acción, como dando un discurso en un evento o trabajando en un proyecto.

Medidas de actuación:

- Elige una imagen de fondo que apoye tu marca. Puede ser una imagen de tu espacio de trabajo, un logotipo o algo visualmente atractivo relacionado con tu nicho.

- Herramientas como Canva o Crello pueden ayudarte a diseñar un banner de LinkedIn elegante y personalizado de forma gratuita.

1.3 Crear un titular convincente

Tu titular es tu discurso de ascensor. Es una de las primeras cosas que la gente lee y aparece junto a tu nombre en toda la plataforma, tanto si comentas una publicación como si envías un mensaje a alguien o apareces en una búsqueda.

Un titular convincente no se limita a decir a la gente tu cargo. Les dice por qué deberían interesarse por contactar contigo.

BuenEjemplo:
"Ayudando a las Startups a Escalar a 10X a través del Marketing Estratégico | Ponente y Asesor"

MalEjemplo:
"Director de Marketing de la empresa XYZ"

Medidas de actuación:

- Escriba un titular que explique lo que hace y cómo aporta valor. Piense en su público: ¿qué le puede interesar?
- Utilice palabras clave relacionadas con su sector para que su perfil sea más fácil de encontrar en las búsquedas.
- Evite palabras de moda como "gurú" o "ninja" a menos que se ajusten realmente a su estilo.

1.4 Redactar una sección "Acerca de" atractiva

Su sección "Acerca de" es el lugar donde puede hacer brillar su personalidad y experiencia. Es su oportunidad de contar su historia. Pero recuerde que la gente no quiere leer una biografía larga e interminable. Quieren saber cómo puedes ayudarles, qué representas y qué te hace único.

Piénselo así: La sección "Acerca de" debe responder a la pregunta: "¿Por qué debería seguirte?".

Estructura de una buena sección "Acerca de":

- **Gancho de apertura:** Empiece con algo que llame la atención. Puede ser una afirmación audaz, una pregunta intrigante o una historia impactante.
- **Quién es usted:** Preséntese brevemente, centrándose en sus competencias y experiencias más relevantes.
- **Cómo ayuda:** Especifique el valor que aporta. ¿Qué problemas resuelve? ¿Qué resultados ha dado a otros?
- **Llamada a la acción:** Termine con una invitación clara, ya sea para conectar, seguir su contenido o visitar su sitio web.

Por ejemplo:

"Creo que todas las empresas, por pequeñas que sean, tienen potencial para crecer con las estrategias adecuadas. Durante los últimos diez años, he estado ayudando a las startups a aumentar sus ingresos a través de campañas de marketing basadas en datos que generan resultados. Si estás buscando llevar tu negocio al siguiente nivel, ¡conectemos!".

Medidas de actuación:

- Escriba su sección "Acerca de" en primera persona para crear una conexión más personal.
- Manténgalo claro, conciso y centrado en el lector.
- Incluya una llamada a la acción al final, invitando a la gente a conectar o seguir.

1.5 Experiencia y competencias: Demuestre sus conocimientos

Las secciones de Experiencia y Habilidades son el lugar en el que mostrarás tu trayectoria profesional y tus conocimientos. No te limites a enumerar títulos de puestos de trabajo: esta es tu oportunidad para destacar logros, cuantificar tu impacto y mostrar cómo tus funciones anteriores se alinean con tu marca personal actual.

Medidas de actuación:

- Para cada puesto, escriba una breve descripción centrada en el valor que aportó a la empresa. Utiliza métricas siempre que sea posible (por ejemplo, "Aumenté las ventas un 35% en 6 meses").
- Añade medios a tus entradas de experiencia, como vídeos, presentaciones o artículos que muestren tu trabajo.
- Recomiende las competencias que se ajusten a su marca e invite a sus colegas a que recomienden las suyas.

1.6 Recomendaciones y logros: Fomento de la credibilidad

Las recomendaciones sirven como prueba social de su experiencia. Póngase en contacto con antiguos colegas, clientes o mentores que puedan dar fe de su trabajo. Las recomendaciones personales contribuyen en gran medida a generar confianza en los nuevos contactos.

Medidas de actuación:

- Procure tener al menos 3-5 recomendaciones de calidad en su perfil.
- No tema pedir recomendaciones a personas que conozcan bien su trabajo.

En la sección de logros, incluya certificaciones relevantes, idiomas, experiencia como voluntario o proyectos que refuercen su credibilidad.

1.7 El poder de los medios de comunicación: Muestre su mejor trabajo

Una de las características más destacadas de LinkedIn es la posibilidad de adjuntar contenido multimedia a tu perfil. Ya se trate de un proyecto en el que hayas trabajado, un artículo que hayas escrito o una entrevista en vídeo que hayas realizado, adjuntar contenido multimedia ofrece a los visitantes una visión más profunda de tu trabajo y te diferencia de los demás en tu campo.

Medidas de actuación:

- Sube a tu perfil algunos archivos multimedia importantes. Pueden ser artículos, informes, presentaciones o cualquier otra forma de trabajo que muestre tus habilidades.
- Añada medios a su sección "Destacados" para resaltar sus mejores contenidos.

1.8 Toques finales: Convierta su perfil en un imán de clientes potenciales

Ya has optimizado tu perfil de LinkedIn, pero aún te queda un elemento crítico: Asegúrate de que tu perfil es fácil de encontrar. Ve a la configuración y asegúrate de que tu perfil es visible para todo el mundo, y ajusta tu URL a algo sencillo (por ejemplo, linkedin.com/in/nombre_de_tu).

Resumen del capítulo

Un perfil de LinkedIn magnético no es solo un currículum estático; es una representación dinámica de quién eres y del valor que aportas a tu audiencia. Si optimizas todas las secciones de tu perfil (foto, titular, sección "Acerca de", experiencia y habilidades), estarás preparando el terreno para el éxito en tu camino para convertirte en una persona influyente en LinkedIn.

Capítulo 2: Identificar su nicho y su público

Ahora que tienes un perfil magnético en LinkedIn, el siguiente paso para convertirte en una persona influyente es encontrar tu voz única. En el saturado panorama actual de las redes sociales, tener un nicho específico es crucial. Un nicho bien definido te ayuda a atraer a la audiencia adecuada y a establecerte como una autoridad.

En este capítulo, le guiaremos a través del proceso de identificación de su nicho y su audiencia, ambos vitales para elaborar contenidos que resuenen y atraigan a las personas adecuadas.

2.1 Por qué es fundamental centrarse en un nicho

Muchos aspirantes a influencers cometen el error de intentar atraer a todo el mundo. Aunque esto pueda parecer una forma de llegar a un público más amplio, suele tener el efecto contrario. Sin un enfoque claro, tu mensaje se pierde y puede que tu audiencia no vea la relevancia de lo que compartes.

Piensa en las personas influyentes que destacan en LinkedIn, ya estén especializadas en marketing digital, liderazgo, salud mental o emprendimiento. No intentan abarcar todos los temas. En su lugar, tienen un nicho claro y definido que les permite crear contenidos adaptados a un público específico.

Tener un nicho te permite:

- **Atrae al público adecuado**: La gente sabrá exactamente qué esperar de tus publicaciones y por qué deberían seguirte.
- **Aumente su autoridad más rápidamente**: Cuando te centras en un tema concreto, es más probable que te consideren un experto.

- **Cree contenido específico y relevante**: Sabrás exactamente a quién te diriges, por lo que te resultará más fácil crear publicaciones que resuenen.

2.2 Ejercicios para ayudarle a identificar su nicho

Encontrar tu nicho no consiste sólo en elegir un tema que te interese, sino en encontrar la intersección entre tu experiencia, tu pasión y las necesidades de tu público. Aquí tienes algunos ejercicios que te ayudarán a centrarte:

Ejercicio 1: Pasión + Experiencia = Nicho

Dibuja dos círculos. Etiqueta uno "Pasión" y el otro "Experiencia". En el círculo "Pasión", escribe todo aquello de lo que te gusta hablar o de lo que podrías hablar durante horas sin cansarte. En el círculo "Experiencia", escribe las habilidades y áreas de conocimiento en las que tienes una experiencia significativa.

Ahora, mira dónde se superponen los dos círculos. Ahí es donde está tu nicho. Tu nicho debe ser algo que te apasione, pero también algo en lo que puedas aportar un valor real.

Ejercicio 2: Análisis de las necesidades de la audiencia

Otra forma de determinar su nicho es pensar en las necesidades específicas de su público objetivo. He aquí cómo:

- **Investiga a tu público**: ¿Quiénes son? ¿A qué retos se enfrentan? ¿Qué tipo de contenido les ayudaría a superarlos?

- **Analiza los perfiles de LinkedIn**: Fíjate en las personas influyentes de tu sector. ¿Qué tipo de contenido publican? ¿Cuál es su nicho?
- **Relaciónese con su red**: Inicia conversaciones con personas de tu sector. Pregúntales con qué están luchando, qué contenido desearían que estuviera disponible y qué buscan cuando siguen a alguien en LinkedIn.

Ejercicio 3: El método de los cinco porqués

Para obtener una mayor claridad sobre tu nicho, pregúntate "¿Por qué?" cinco veces sobre el tema elegido. Por ejemplo, si estás pensando en centrarte en el liderazgo, pregúntate:

- ¿Por qué quiero hablar de liderazgo?
- ¿Por qué es importante para mí el liderazgo?
- ¿Por qué creo que mi punto de vista sobre el liderazgo es importante?
- ¿Por qué le interesará a la gente mi contenido sobre liderazgo?
- ¿Por qué es ahora el momento adecuado para centrarse en este nicho?

Este método le ayuda a refinar su nicho y a asegurarse de que hay un propósito más profundo detrás de su elección.

2.3 Investigar y definir su público ideal

Una vez elegido el nicho, es hora de identificar a la audiencia ideal. Sin una idea clara de a quién quieres llegar, tu contenido puede fracasar o atraer la atención equivocada.

He aquí cómo definir su público ideal:

- **Datos demográficos**: Empiece con información demográfica básica como la edad, el sexo, el sector y el cargo. Por ejemplo, si te centras en el liderazgo, tu público podría estar formado por profesionales y directivos a mitad de carrera.
- **Puntos de dolor**: ¿A qué retos se enfrenta su público? ¿Qué les quita el sueño? Cuanto mejor conozca sus dificultades, más relevante será su contenido.
- **Objetivos y deseos**: ¿Qué quiere conseguir su público? ¿Quieren hacer crecer sus negocios, encontrar un nuevo trabajo o mejorar sus habilidades? Adapta tus contenidos para ayudarles a alcanzar sus objetivos.

2.4 Alinear el contenido para servir y atraer a la audiencia

Ahora que tienes una imagen clara de tu audiencia, el siguiente paso es alinear tu contenido con sus necesidades e intereses. Tu audiencia es bombardeada constantemente con información en LinkedIn, por lo que necesitas crear contenidos que no solo llamen su atención, sino que también les sirvan de alguna manera significativa.

Medidas de actuación:

- **Resuelva sus problemas**: Cada contenido que publiques debe responder a una pregunta o resolver un problema de tu audiencia. Si aportas valor de forma constante, tu audiencia volverá a por más.
- **Utiliza su lenguaje**: Presta atención a la forma en que tu audiencia habla y escribe sobre su sector. Imita ese lenguaje en tus publicaciones para crear una conexión más fuerte.
- **Interactúe directamente con ellos**: Plantee preguntas en sus publicaciones que susciten conversación. Responda a los comentarios, envíe mensajes a sus seguidores y establezca relaciones.

2.5 Ejemplos reales de influencers de éxito en diferentes nichos

Para inspirarte, echemos un vistazo a algunos influencers de LinkedIn de éxito que han creado marcas sólidas en nichos específicos:

Ejemplo 1: Leah Turner, formadora de LinkedIn

Leah Turner se ha hecho un hueco ayudando a la gente a utilizar LinkedIn como una poderosa herramienta empresarial. Su contenido ofrece consejos prácticos, historias de éxito y asesoramiento sobre cómo aprovechar LinkedIn para la marca personal. Su personalidad cercana y divertida hace que sus publicaciones destaquen, lo que le permite atraer a una amplia audiencia de empresarios y profesionales que buscan mejorar su juego en LinkedIn.

Ejemplo 2: Justin Welsh, Consultor Solopreneur

Justin Welsh se centra en la construcción de un negocio solopreneur sin depender de las estructuras corporativas tradicionales. Enseña a su audiencia cómo generar ingresos pasivos, hacer crecer sus marcas y escalar negocios unipersonales. Su nicho claro atrae a autónomos, consultores y empresarios en solitario.

Ejemplo 3: Bridget Hyacinth, experta en liderazgo

Bridget Hyacinth es líder de opinión en LinkedIn sobre desarrollo del liderazgo y recursos humanos. Escribe extensamente sobre temas relacionados con el liderazgo, la inteligencia emocional y las estrategias de gestión, atrayendo a profesionales que buscan mejorar sus habilidades de liderazgo y la cultura de la empresa.

2.6 El poder de la constancia y la persistencia

Por último, recuerda que identificar tu nicho y tu audiencia es sólo el principio. Para convertirte realmente en una persona influyente en LinkedIn, tienes que ser constante. Tu audiencia tiene que confiar en que estarás ahí con información valiosa semana tras semana. Y eso lleva tiempo: crear influencia no se consigue de la noche a la mañana.

La clave está en ser persistente, mantenerse fiel a su nicho de mercado e interactuar continuamente con su audiencia. Cuanto más te ciñas a tu nicho y ofrezcas contenido relevante y valioso, más rápido crecerá tu audiencia.

Resumen del capítulo

Encontrar tu nicho y entender a tu audiencia son pasos cruciales para convertirte en una persona influyente en LinkedIn. Si te centras en lo que te apasiona y adaptas tus contenidos a las necesidades de tu audiencia, podrás ganar autoridad, crear contenidos atractivos y empezar a aumentar tu influencia en LinkedIn. Sé constante: la constancia y la persistencia darán sus frutos a largo plazo.

Capítulo 3: Creación de contenidos atractivos

Has creado un perfil de LinkedIn sólido y has identificado tu nicho y tu audiencia. Ahora llega el momento de convertirte en una persona influyente en LinkedIn: crear contenido que resuene. El contenido es el combustible que impulsa tu crecimiento y, sin él, tu perfil no es más que un cartel vacío.

En este capítulo, aprenderá a elaborar contenidos que no sólo atraigan la atención, sino que también susciten conversaciones, creen relaciones e impulsen la participación. Exploraremos diferentes formatos de contenido, técnicas de narración y estrategias para mantener la coherencia.

3.1 Los distintos tipos de contenido que funcionan en LinkedIn

LinkedIn es una plataforma única dirigida a profesionales, pero eso no significa que tu contenido tenga que ser formal o árido. Los mejores influencers de LinkedIn saben cómo mezclar su contenido para mantener las cosas interesantes sin dejar de aportar valor. Aquí tienes un resumen de los tipos de contenido más eficaces en LinkedIn:

1. Mensajes de texto

Las publicaciones de texto son uno de los formatos más potentes de LinkedIn. Son fáciles de crear y suelen generar una gran participación porque se centran únicamente en el mensaje. Estas publicaciones suelen ser breves, contundentes y directas.

Consejos para enviar mensajes de texto con éxito:

- Manténgalos por debajo de 1.300 caracteres (la longitud óptima para la visibilidad).

- Comience con un gancho fuerte para captar la atención en las dos primeras líneas.
- Utilice párrafos cortos y viñetas para facilitar la lectura.
- Termine con una llamada a la acción (CTA), pidiendo opiniones o experiencias.

2. Imágenes e infografías

El contenido visual es una buena forma de romper con los feeds repletos de texto y añadir variedad a tus publicaciones. Una imagen llamativa puede hacer que alguien deje de desplazarse y le anime a leer tu publicación. Las infografías son especialmente útiles para compartir datos, consejos o procesos de una forma visualmente atractiva.

Consejos para utilizar imágenes:

- Utilice imágenes de alta calidad acordes con su marca.
- Añade superposiciones de texto para resaltar los puntos clave.
- En el caso de las infografías, asegúrese de que su diseño sea limpio y fácil de entender de un vistazo.

3. Vídeos

Los vídeos en LinkedIn pueden generar más interacción que cualquier otro tipo de contenido. Te permiten mostrar tu personalidad, compartir ideas y conectar con tu audiencia a un nivel más profundo. Los vídeos pueden utilizarse para contar historias, hacer tutoriales o simplemente para compartir opiniones sobre un tema de actualidad.

Consejos para los vídeos de LinkedIn:

- Los vídeos deben ser cortos (menos de dos minutos) para retener la atención.
- Utilice subtítulos, ya que muchos usuarios se desplazan con el sonido apagado.

- Vaya directo al grano y termine con una CTA clara.

4. Artículos largos

LinkedIn ofrece la posibilidad de publicar artículos largos directamente en la plataforma. Es una forma estupenda de profundizar en un tema y mostrar tus conocimientos. Los artículos bien escritos pueden convertirte en un líder de opinión y aportar valor a tu audiencia.

Consejos para escribir artículos:

- Elija un tema que sea relevante para su nicho y su audiencia.
- Estructure el artículo con secciones, títulos y subtítulos claros.
- Aporte ideas prácticas y respáldelas con datos o ejemplos.
- Utilice un titular convincente para atraer a los lectores.

5. Encuestas

La función de encuestas de LinkedIn es una forma interactiva de atraer a tu audiencia. Las encuestas son rápidas y sencillas, y pueden ayudarte a recabar información de tu red a la vez que fomentan la participación.

Consejos para utilizar las encuestas:

- Haga preguntas que sean relevantes para su nicho.
- Que las opciones sean sencillas pero que inviten a la reflexión.
- Utiliza las encuestas para iniciar una conversación y participa en las respuestas de los comentarios.

3.2 Cómo crear un post impactante: Del gancho a la llamada a la acción

Ahora que ya conoces los diferentes tipos de contenido que funcionan bien en LinkedIn, vamos a desglosar la anatomía de un post de alto rendimiento.

Paso 1: Empezar con un gancho

Las dos primeras líneas son las más importantes. Aquí es donde se capta la atención del público. Si el gancho no resuena, la gente pasará de largo.

Ganchos que funcionan:

- **Plantea una pregunta provocadora:** "¿Por qué fracasan tantas startups antes incluso de empezar?".
- **Comparte un dato o estadística sorprendente:** "¿Sabías que el 75% de las personas no actualizan sus perfiles de LinkedIn con regularidad?".
- **Comienza con una afirmación audaz:** "No necesitas un gran presupuesto para construir una marca personal".

Paso 2: Construir la historia

Una vez que haya enganchado a su audiencia, es hora de desarrollar la historia. El cuerpo de la entrada debe aportar valor, ya sean ideas, consejos o una anécdota personal. Aquí es donde conectas con tu público y le ofreces algo de lo que pueda aprender o con lo que pueda identificarse.

Consejos para contar historias:

- **Sea personal:** Comparta sus propias experiencias, tanto sus éxitos como sus fracasos. La gente conecta con la autenticidad.
- **Utiliza viñetas o párrafos cortos:** De este modo, será más fácil hojear el artículo.

- **Que sea relevante:** Vincule siempre su historia a las necesidades o intereses de su público.

Paso 3: Finalizar con una llamada a la acción (CTA)

Un buen post no deja colgado al lector. Termine siempre con una CTA que fomente la participación. Puede ser una petición de comentarios, una invitación a compartir opiniones o incluso algo tan sencillo como "¿Qué opinas?".

Ejemplos de CTA:

- "¿Qué opinas de esto? Házmelo saber en los comentarios".
- "Si te has enfrentado a un reto similar, comparte tu experiencia a continuación".
- "Etiqueta a alguien que necesite oír este mensaje".

3.3 Pilares de contenido: Determinación de los temas esenciales para la coherencia

La constancia es la clave para convertirse en un influencer en LinkedIn. Pero la consistencia no sólo significa publicar con regularidad, sino también mantener el tema. Aquí es donde entran en juego los pilares de contenido. Los pilares de contenido son 3 o 4 temas centrales sobre los que girarán tus publicaciones.

Cómo elegir sus pilares de contenido:

1. **Revise su nicho:** Sus pilares de contenido deben alinearse con su nicho y experiencia.
2. **Necesidades de la audiencia:** ¿Qué quiere saber su público? ¿Qué preguntas tienen? Sus pilares de contenido deben responder a esas necesidades.
3. **Sostenibilidad:** Elige temas que te apasionen y sobre los que puedas seguir escribiendo a lo largo del tiempo.

Ejemplos de pilares de contenidos:

- Si tu nicho es el marketing digital, tus pilares podrían ser el SEO, las redes sociales, la estrategia de contenidos y la analítica.
- Si su nicho es el liderazgo, sus pilares podrían ser la gestión de equipos, la inteligencia emocional, la comunicación y la cultura de empresa.

3.4 Técnicas de narración atractivas

Contar historias es una de las formas más eficaces de conectar con tu audiencia en LinkedIn. A la gente le encantan las historias: son atractivas, fáciles de contar y memorables. Estas son algunas técnicas de narración que ayudarán a que tu contenido destaque:

1. El viaje del héroe

Un marco narrativo clásico es el "viaje del héroe", en el que llevas a tu público a través de una transformación. Comparta un reto personal o profesional al que se haya enfrentado, los pasos que dio para superarlo y las lecciones que aprendió.

2. Conflicto y resolución

Empiece describiendo un problema o conflicto y luego explique cómo se resolvió. De este modo se mantiene el interés del lector, que quiere saber cómo acaba la historia. También es una buena forma de aportar valor ofreciendo soluciones.

3. Momentos entrañables

Comparta momentos con los que su público pueda identificarse. Tanto si se trata de un problema común en tu sector como de una experiencia personal, las historias cercanas crean conexiones emocionales.

4. Casos de éxito de clientes

Si procede, comparta historias de cómo ha ayudado a otros. Estos estudios de caso o historias de éxito no solo demuestran su experiencia, sino que también proporcionan una prueba social de su impacto.

3.5 ¿Con qué frecuencia debe publicar?

Una de las mayores preguntas que se hace la gente es: "¿Con qué frecuencia debo publicar en LinkedIn?". La respuesta depende de tus objetivos y capacidad, pero aquí tienes una pauta general:

- **Mínimo**: Publicar 2-3 veces por semana.
- **Óptimo**: Publicar 4-5 veces por semana para una visibilidad constante.

Lo más importante es la constancia. No empieces publicando todos los días para luego agotarte. Encuentra un horario que te funcione y cúmplelo.

Resumen del capítulo

La elaboración de contenidos atractivos es la piedra angular de la influencia de LinkedIn. Tanto si publicas breves actualizaciones de texto como si creas artículos en profundidad o compartes vídeos, el objetivo es siempre aportar valor a tu audiencia. Utiliza técnicas narrativas, céntrate en tus pilares de contenido y mantén un calendario de publicación coherente. Con el tiempo, tus contenidos te darán autoridad y te ayudarán a aumentar tu audiencia en LinkedIn.

Capítulo 4: Crear compromiso y comunidad

Crear contenido valioso es sólo una parte de convertirse en una persona influyente en LinkedIn. La otra mitad de la ecuación es generar compromiso. La participación va más allá de los "me gusta" y los comentarios: se trata de fomentar conexiones significativas, impulsar conversaciones y crear una comunidad leal en torno a tu marca.

En este capítulo, aprenderás las estrategias y técnicas para aumentar la participación, crear una comunidad y aprovechar al máximo las funciones interactivas de LinkedIn para conectar con tu audiencia.

4.1 Por qué es importante el compromiso

La participación es el alma de la influencia en las redes sociales. En LinkedIn, la participación indica al algoritmo que tu contenido es valioso, lo que aumenta tu alcance. Cuantas más personas interactúen con tus publicaciones, más visibilidad tendrás y más rápido crecerá tu red.

Pero más allá del algoritmo, el compromiso tiene un propósito más profundo. Cuando interactúas activamente con tu audiencia, estás construyendo relaciones. Con el tiempo, estas relaciones pueden dar lugar a oportunidades de negocio, colaboraciones e influencia a largo plazo.

El compromiso es una calle de doble sentido: hay que dar tanto como se recibe. Eso significa no solo publicar con regularidad, sino también interactuar con los demás, comentar las publicaciones, compartir opiniones y formar parte de la conversación.

4.2 Cómo relacionarse eficazmente con los demás

Para generar compromiso es necesaria una interacción constante, no sólo con tus contenidos, sino también con los demás miembros de tu red. Estas son las formas más eficaces de interactuar en LinkedIn:

1. Comentarios reflexivos sobre otras publicaciones

Una de las formas más eficaces de interactuar con los demás es dejar comentarios reflexivos y significativos en sus publicaciones. No te limites a dejar un "gran post" o un emoji de pulgar hacia arriba. En lugar de eso, aporta ideas, comparte tu punto de vista o haz preguntas de seguimiento. Esto añade valor a la conversación y te ayuda a destacar.

Medidas de actuación:

- Comprométete a comentar al menos 10-15 posts al día en tu nicho.
- Relaciónese con personas influyentes y colegas que compartan contenidos relevantes para su sector.
- No tengas miedo de discrepar, pero mantente siempre respetuoso y profesional.

2. Responder a los comentarios sobre sus publicaciones

Cuando la gente comenta tus publicaciones, es crucial responder con prontitud. Participar con tus comentaristas fomenta una mayor interacción y construye relaciones. Además, cada respuesta aumenta la visibilidad de tu publicación, lo que indica al algoritmo de LinkedIn que tu contenido está generando interés.

Medidas de actuación:

- Responde a todos los comentarios en un plazo de 24 horas.
- Haga preguntas de seguimiento para mantener la conversación.
- Demuestre su aprecio reconociendo y agradeciendo a los demás sus aportaciones.

3. Mencionar y etiquetar a personas

Mencionar o etiquetar a otras personas en tus publicaciones o comentarios es una forma estupenda de relacionarte directamente con los demás. Ya sea para agradecer a alguien su aportación, hacer referencia al trabajo de un colega o invitar a alguien a participar en un debate, etiquetar ayuda a fomentar las conexiones.

Medidas de actuación:

- Menciona a las personas cuando hagas referencia a sus ideas o trabajos en tu post.
- Etiqueta a colegas, mentores o personas influyentes en los comentarios para destacar sus contribuciones.
- Utilice las menciones con moderación: no etiquete a las personas innecesariamente, o puede parecer spam.

4. Envío de solicitudes de conexión personalizadas

Aunque el botón "Conectar" de LinkedIn es fácil de pulsar, dedicar un momento a personalizar tus solicitudes de conexión puede contribuir en gran medida a crear relaciones significativas. En lugar de enviar solicitudes genéricas, preséntate y explica por qué te gustaría conectar. Esto puede dar lugar a relaciones más fructíferas en el futuro.

Medidas de actuación:

- Cuando envíes solicitudes de conexión, incluye siempre un mensaje personal.
- Mencione algo concreto, como una publicación reciente, un interés compartido o una conexión mutua.
- Sea educado, conciso y auténtico en su mensaje.

4.3 Crear debates significativos en la sección de comentarios

La sección de comentarios de tus publicaciones es una herramienta poderosa para fomentar un compromiso más profundo. Es donde puedes hacer que la relación con tu público pase de ser una simple conversación a ser una conversación significativa. Al fomentar los debates, invitas a tu audiencia a compartir sus opiniones, hacer preguntas y conectar a un nivel más profundo.

Cómo suscitar debates:

- **Formule preguntas abiertas**: Invita a tu audiencia a compartir sus experiencias u opiniones sobre el tema.
- **Reconozca los puntos de vista divergentes**: No rehúya los debates sanos. Anime a su audiencia a compartir sus puntos de vista, aunque difieran de los suyos.
- **Haz de moderador**: Actúa como anfitrión en tu sección de comentarios, guiando la conversación y haciendo que todos se sientan bienvenidos.

Ejemplos de temas de debate:

- "¿Cuál cree que es el mayor reto de nuestra industria en estos momentos?".
- "¿Cómo enfocarías esta situación? Me encantaría escuchar tu opinión".
- "¿Alguien más ha experimentado algo similar? Házmelo saber en los comentarios".

4.4 El poder del etiquetado, las menciones y las colaboraciones

Una de las formas más efectivas de conseguir engagement en LinkedIn es a través de las colaboraciones. Ya sea como coautor de una publicación, organizando un evento de LinkedIn Live o etiquetando a alguien en un debate, las colaboraciones te permiten aprovechar las redes de otras personas a la vez que aportas valor a tu audiencia.

Consejos para una colaboración eficaz:

- **Colabora con personas influyentes**: Identifica a personas influyentes en tu nicho y explora oportunidades para crear contenidos juntos. Puede ser una entrevista, un post conjunto o un debate en LinkedIn Live.
- **Etiquetado para reconocimiento**: Cuando etiquetas a alguien en una publicación, no solo reconoces su experiencia, sino que también le invitas a participar en tu contenido, aumentando su alcance.
- **Organiza sesiones de LinkedIn Live**: Organizar un evento de LinkedIn Live con otro experto en tu campo es una forma estupenda de atraer a tu audiencia en tiempo real y fomentar la interacción.

Medidas de actuación:

- Ponte en contacto con una persona influyente o un colega de tu sector y proponle una colaboración.
- Mencione a alguien en una publicación o comentario para fomentar la participación e iniciar una conversación.
- Planifique una sesión de LinkedIn Live con un ponente o colaborador invitado.

4.5 Crear una comunidad leal en torno a su marca

La verdadera influencia en LinkedIn va más allá de las métricas de participación: se trata de construir una comunidad. Tu comunidad está formada por personas que confían en ti, valoran tus conocimientos y se relacionan contigo con regularidad. Estas son las personas que abogarán por ti, compartirán tus contenidos y te recomendarán a otros.

Construir una comunidad no se hace de la noche a la mañana. Requiere tiempo, esfuerzo y un interés genuino por las personas a las que intentas llegar. A continuación te explicamos cómo fomentar una comunidad leal en torno a tu marca:

1. Ser coherente

La coherencia es la base de la creación de comunidades. Tanto si se trata de tu calendario de publicaciones, el tono de tus mensajes o el contenido que compartes, la gente tiene que saber qué esperar de ti. Si eres constante, generarás confianza y familiaridad con tu público.

2. Aporte valor, no sólo promoción

Tu comunidad está ahí porque confía en que les ofreces contenidos valiosos. Eso significa evitar las publicaciones excesivamente promocionales. En su lugar, céntrate en compartir ideas, consejos y sugerencias que ayuden a tu audiencia a resolver problemas o a aprender algo nuevo.

3. Entablar una comunicación bidireccional

Las comunidades prosperan gracias a la interacción. No se trata solo de hablar con el público, sino de escuchar, responder y crear un espacio para que se escuche su voz.

4. Crear oportunidades de interacción en grupo

Los grupos de LinkedIn, las encuestas y las sesiones de LinkedIn Live son formas excelentes de fomentar la interacción en grupo y promover un sentimiento de pertenencia. Puedes crear tu propio grupo de LinkedIn centrado en tu nicho, donde los miembros pueden hacer preguntas, compartir recursos y participar en debates significativos.

4.6 Lucha contra la negatividad y los trolls

Por desgracia, a medida que aumenta tu influencia en LinkedIn, puedes encontrarte con negatividad o trolls. Enfrentarse a comentarios negativos o críticas injustificadas forma parte del trabajo, pero es importante hacerlo con profesionalidad y elegancia.

Consejos para manejar la negatividad:

- **Ignora a los trolls**: A los trolls les encanta llamar la atención. Si alguien es deliberadamente incendiario o grosero, lo mejor es ignorarlo.
- **Responde con elegancia**: Si alguien te hace una crítica constructiva o no está de acuerdo con tu mensaje, entabla una conversación respetuosa. Reconoce su punto de vista y ofrece tu perspectiva.
- **Utiliza la función de bloqueo cuando sea necesario**: Si alguien te trolea o acosa de forma persistente, no dudes en bloquearlo de tu perfil.

Resumen del capítulo

La participación es la clave para generar influencia en LinkedIn. Interactuando activamente con tu audiencia, participando en debates significativos y colaborando con otros, crearás una comunidad que no solo se involucrará con tu contenido, sino que también defenderá tu marca. Recuerda que el compromiso es una calle de doble sentido: da tanto como recibas y tu influencia en LinkedIn crecerá exponencialmente.

Capítulo 5: Aprovechar LinkedIn Analytics para mejorar

Crear contenido y generar interacción es esencial, pero para crecer como influencer en LinkedIn, necesitas medir tu progreso. LinkedIn ofrece una serie de herramientas de análisis que te permiten conocer el rendimiento de tus contenidos, quién interactúa con ellos y qué es lo que genera más impacto.

En este capítulo, nos sumergiremos en cómo utilizar las analíticas de LinkedIn en tu beneficio, qué métricas seguir y cómo refinar tu estrategia basándote en los datos.

5.1 Conocer las herramientas de análisis de LinkedIn

Las herramientas de análisis de LinkedIn proporcionan datos sobre tus publicaciones, vistas de perfil, apariciones en búsquedas y mucho más. Estos datos te ayudan a saber qué funciona y a identificar áreas de mejora.

1. Análisis de puestos

Cada publicación que haces en LinkedIn viene con su propio conjunto de análisis. Esto incluye:

- **Impresiones**: ¿Cuántas personas han visto tu post?
- **Reacciones, comentarios y comparticiones**: Las métricas de participación que muestran cuántas personas interactuaron con tu publicación.
- **Tasa de participación**: El porcentaje de personas que vieron tu publicación e interactuaron con ella.

Medidas de actuación:

- Revisa semanalmente la participación en tus publicaciones. ¿Qué publicaciones tuvieron la mayor tasa de participación? ¿Qué temas, formatos y momentos han funcionado mejor?
- Busque patrones en lo que resuena entre su audiencia.

2. Vistas de perfil

Los análisis de tu perfil muestran cuántas personas han visto tu perfil en un periodo determinado. También te ofrece información sobre el sector, el cargo y la ubicación de las personas que ven tu perfil.

Medidas de actuación:

- Haz un seguimiento mensual de las visitas a tu perfil. Si las visitas a tu perfil aumentan tras publicar determinados contenidos, es un buen indicador de que estás atrayendo la atención adecuada.
- Utiliza estos datos para ajustar los titulares y las secciones de tu perfil y adaptarlos mejor al público que lo consulta.

3. Búsqueda de apariciones

La función "Apariciones en búsquedas" de LinkedIn muestra cuántas veces has aparecido en los resultados de búsqueda de LinkedIn y las palabras clave que ha utilizado la gente para encontrarte.

Medidas de actuación:

- Comprueba regularmente las palabras clave que llevan a la gente a tu perfil. Si son relevantes para su nicho, ¡genial! Si no, considere la posibilidad de actualizar su perfil con palabras clave más relevantes.
- Asegúrese de que el titular y el resumen estén optimizados con palabras clave que reflejen su nicho y experiencia.

5.2 Métricas clave en las que centrarse

No todas las métricas son iguales. Aunque es fácil dejarse llevar por métricas de vanidad como los "me gusta" y las impresiones, éstas no siempre cuentan la historia completa. Aquí tienes un desglose de las métricas clave que realmente importan a los influencers de LinkedIn:

1. Tasa de compromiso

La tasa de participación es el porcentaje de personas que interactuaron con tu publicación en relación con el número de impresiones. Se trata de una métrica crucial porque muestra la eficacia de tu contenido a la hora de suscitar interacción.

Medidas de actuación:

- Céntrese en mejorar su tasa de participación en lugar de limitarse a aumentar las impresiones. Si la tasa de interacción es baja, es posible que tengas que revisar tu estrategia de contenidos o centrarte en contenidos más interactivos (por ejemplo, preguntas y encuestas).

2. Vistas de perfil

Un aumento de las visitas al perfil indica que tus contenidos despiertan curiosidad sobre quién eres. También es un buen indicador de la coherencia de tus contenidos con tu marca.

Medidas de actuación:

- El objetivo es un crecimiento constante de las visitas al perfil. Si observas un repunte, investiga qué contenidos o tácticas de interacción han provocado ese aumento.
- Si las visitas a su perfil están estancadas, considere la posibilidad de actualizarlo para que refleje mejor su contenido y participación.

3. Búsqueda de apariciones

Las apariciones en las búsquedas son una señal de tu visibilidad en LinkedIn. Cuanto mayor sea tu aparición en las búsquedas, más probable es que la gente descubra tu perfil a través de búsquedas de palabras clave.

Medidas de actuación:

- Asegúrese de que su perfil está optimizado para las palabras clave adecuadas, especialmente en el titular y en la sección "Acerca de". Así aumentará la probabilidad de aparecer en los resultados de las búsquedas relacionadas con su nicho.
- Haga un seguimiento del número de apariciones en las búsquedas y ajuste su perfil según sea necesario para aumentar esta cifra.

4. Comentarios y acciones

Los comentarios y las particiones son las métricas de participación por excelencia. Los comentarios muestran que la gente está lo suficientemente interesada en tu contenido como para responder, mientras que los compartidos indican que tu contenido es lo suficientemente valioso como para que alguien quiera difundirlo.

Medidas de actuación:

- Céntrese en fomentar más comentarios y comparticiones formulando preguntas, suscitando debates y ofreciendo ideas valiosas y compartibles.
- Comunícate con las personas que comentan tus publicaciones para mantener la conversación.

5.3 Pruebas A/B de sus ideas de contenido

Las pruebas A/B son un método en el que se experimenta con dos versiones de una entrada o idea de contenido para ver cuál funciona mejor. Esto puede ayudarte a perfeccionar tu estrategia de contenidos y a entender mejor qué funciona para tu audiencia.

Pasos para realizar pruebas A/B en LinkedIn:

- **Elija una variable**: Puede ser el formato (texto frente a imagen), el tema o incluso la hora de publicación.
- **Cree dos mensajes similares**: Mantén todo consistente excepto la variable que estás probando.
- **Mide los resultados**: Compara los índices de participación de ambas publicaciones y comprueba qué versión funciona mejor.

Medidas de actuación:

- Experimente regularmente con diferentes longitudes, formatos y temas de las publicaciones. Pruebe una variable cada vez para identificar a qué responde mejor su público.
- Haga un seguimiento de los resultados y ajuste su estrategia de contenidos en función de lo que funcione.

5.4 Perfeccionar la estrategia a partir de los datos

Una vez que hayas recopilado datos de tus análisis de LinkedIn, es hora de perfeccionar tu estrategia. Los datos que obtengas te servirán de guía para realizar ajustes en tus contenidos, tu calendario de publicaciones y tus tácticas de interacción.

Pasos para perfeccionar su estrategia:

1. **Analice las tendencias de rendimiento**: Fíjate en qué publicaciones han tenido mejor rendimiento y por qué. ¿Fue el formato, el tema o la hora de la publicación? Utiliza esta información para dar forma a futuros contenidos.
2. **Ajusta tu combinación de contenidos**: Si los vídeos consiguen sistemáticamente más participación que las publicaciones de texto, considera la posibilidad de incorporar más vídeos a tu estrategia de contenidos.
3. **Revise su audiencia**: Si tus análisis muestran que un determinado grupo demográfico o puesto de trabajo se interesa más por tus contenidos, adapta tus mensajes para llegar mejor a ese público.
4. **Experimenta con los tiempos**: Utiliza tus datos de rendimiento posterior para determinar las mejores horas para publicar. Si observas una mayor participación por las mañanas, programa tus contenidos en consecuencia.

5.5 Mantenerse adaptable

LinkedIn es una plataforma dinámica, y lo que funciona hoy puede no funcionar mañana. Para mantenerte relevante y seguir creciendo como influencer, debes seguir siendo adaptable. Comprueba regularmente tus análisis, mantente informado sobre las nuevas funciones y tendencias, y estate dispuesto a experimentar con nuevos tipos de contenido.

Resumen del capítulo

Aprovechar los análisis de LinkedIn es esencial para comprender lo que funciona y mejorar continuamente tu estrategia. Mediante el seguimiento de métricas clave como la tasa de participación, las visitas al perfil y las apariciones en las búsquedas, puedes perfeccionar tu enfoque y centrarte en lo que realmente impulsa el crecimiento. Recuerda que los datos son tus amigos: úsalos para adelantarte a los acontecimientos y adaptar tu estrategia para mantener el interés de tu audiencia.

Capítulo 6: Crear una marca personal en LinkedIn

Tu marca es lo que te diferencia de los millones de usuarios de LinkedIn. Es la combinación única de tus valores, experiencia y personalidad que determina cómo te percibe la gente. Construir una marca personal sólida es esencial para tener influencia a largo plazo en LinkedIn, ya que no solo atrae seguidores, sino que también te establece como líder de opinión en tu nicho.

En este capítulo, exploraremos los fundamentos de la marca personal, cómo elaborar la historia de tu marca personal y cómo mantener la coherencia en todos tus contenidos e interacciones.

6.1 ¿Qué es una marca personal y por qué es importante?

Tu marca es algo más que tu perfil o el contenido que compartes: es la impresión que dejas en los demás. Es lo que la gente piensa y habla de ti cuando no estás en la sala (o no estás en LinkedIn).

Una marca personal fuerte:

- **Genera confianza y credibilidad**: Es más probable que la gente siga a alguien en quien confía, se comprometa con él y haga negocios con él.
- **Te diferencia**: En un espacio saturado como LinkedIn, tener una marca clara y auténtica te ayuda a destacar.
- **Abre puertas**: Una marca personal bien establecida puede conducir a compromisos para dar charlas, ofertas de trabajo, colaboraciones y otras oportunidades.

6.2 Crear la historia de su marca personal

Una de las formas más poderosas de construir tu marca es contar historias. La historia de tu marca personal es la narración que comunica quién eres, qué representas y por qué debería importarle a la gente. No se trata solo de lo que haces, sino de por qué lo haces.

Pasos para elaborar la historia de su marca personal:

1. **Empiece por su "por qué"**: ¿Qué te motiva? ¿Qué le apasiona? ¿Por qué haces lo que haces?
2. **Destaque su trayectoria**: Comparta los momentos clave de su carrera o de su vida que han forjado sus valores y su experiencia. Sé auténtico: la gente conecta con historias reales.
3. **Identifique su valor único**: ¿Qué le diferencia de los demás en su nicho? Cómo aportas valor a tu público?
4. **Hágalo cercano**: Tu historia debe resonar con tu audiencia. Encuádrala de forma que puedan verse reflejados en tu viaje o aprender algo valioso de él.

Ejemplo de historia de marca personal:

"Empecé mi carrera como comercial junior con pocos conocimientos pero mucha pasión. Con los años, aprendí que el éxito no viene de hacer las cosas como siempre se han hecho, sino de la innovación, la creatividad y la voluntad de asumir riesgos. Hoy en día, ayudo a startups y pequeñas empresas a liberar su potencial a través de estrategias de marketing basadas en datos, y me apasiona compartir las lecciones que he aprendido en el camino para ayudar a otros a tener éxito."

6.3 Mantener la coherencia en todas las comunicaciones

La coherencia es clave para construir una marca personal sólida. Tus mensajes, tu tono y tu contenido deben estar en consonancia con tu marca en todas tus interacciones en LinkedIn, ya sea en publicaciones, comentarios, mensajes o artículos.

Cómo mantener la coherencia de la marca:

- **Defina su tono de voz**: ¿Es usted formal, conversacional, humorístico o autoritario? Elija un tono que refleje su personalidad y su marca.
- **Cíñete a tu mensaje principal**: Aunque puedes explorar distintos temas, céntrate siempre en tu mensaje principal. Si tu marca se centra en el liderazgo, por ejemplo, asegúrate de reflejarlo en todo lo que compartas.
- **Utiliza elementos visuales de forma coherente**: Desde tu foto de perfil hasta cualquier imagen o infografía que compartas, tu marca visual debe ser coherente y reconocible.

6.4 Evolución de la marca a lo largo del tiempo

Su marca no es estática: debe evolucionar a medida que usted crece. A medida que adquiera más experiencia, aprenda nuevas habilidades o cambie su enfoque, su marca puede cambiar para reflejar su nueva experiencia. Sin embargo, aunque la evolución de tu marca es importante, la clave es mantener la autenticidad.

Medidas de actuación:

- **Revise periódicamente la historia de su marca**: ¿Sigue siendo fiel a lo que eres? ¿Hay nuevos elementos de su viaje que pueda incorporar?
- **Mantente abierto a los comentarios**: A medida que construyas tu marca, escucha cómo te perciben los demás. Utiliza estos comentarios para perfeccionar y fortalecer tu marca.
- **Esté dispuesto a pivotar**: Si descubres una nueva pasión o interés, no temas cambiar tu marca para reflejar ese cambio.

Resumen del capítulo

Crear una marca personal en LinkedIn es una de las formas más eficaces de destacar y aumentar tu influencia. Si creas una historia de marca personal convincente, mantienes la coherencia en tus comunicaciones y evolucionas tu marca con el tiempo, crearás una impresión duradera en tu audiencia. Tu marca es tu activo más valioso: cuídala y te abrirá puertas que nunca creíste posibles.

Capítulo 7: Ampliar su red de contactos e influencia

En LinkedIn no sólo se trata de crear contenidos y compartir tu marca, sino también de establecer relaciones y ampliar tu red de contactos. Cuantas más personas conectes, más oportunidades tendrás de aumentar tu influencia y abrir nuevas puertas. Pero ampliar tu red no consiste sólo en enviar solicitudes de conexión al azar. Se trata de construir relaciones significativas y duraderas con las personas adecuadas.

En este capítulo, exploraremos cómo hacer crecer estratégicamente tu red, aprovechar los Grupos de LinkedIn y LinkedIn Live, y colaborar con otros para ampliar tu influencia.

7.1 Establecer conexiones de forma orgánica

Hacer crecer tu red de LinkedIn de forma orgánica significa atraer a los contactos adecuados que estén realmente interesados en lo que ofreces. He aquí cómo hacerlo:

1. Compartir contenido coherente y valioso

Cuando publicas constantemente contenido valioso que resuena en tu nicho, la gente querrá conectar contigo de forma natural. Te verán como un líder de opinión y alguien a quien merece la pena seguir.

Medidas de actuación:

- Siga publicando contenido relevante y de alta calidad que se ajuste a su marca y atraiga a su audiencia.
- Céntrese en generar confianza y credibilidad en lugar de apresurarse a aumentar sus cifras.

2. Participar en el contenido de otras personas

Comentar y compartir las publicaciones de otros es una forma excelente de ampliar tu red de contactos. Cuando añades valor al contenido de otra persona, no solo entablas relaciones con ella, sino que también consigues llamar la atención de su audiencia.

Medidas de actuación:

- Dedica un tiempo cada día a participar en al menos diez publicaciones de personas de tu sector.
- Deja comentarios reflexivos que aporten valor a la conversación.

3. Personalizar las solicitudes de conexión

En lugar de enviar solicitudes de conexión genéricas, personaliza tus invitaciones explicando por qué te gustaría conectar. Menciona algo concreto, ya sea un interés común, una publicación reciente o una conexión mutua.

Medidas de actuación:

- Cuando envíes una solicitud de conexión, incluye siempre un breve mensaje personalizado.
- Sea cortés y genuino en su enfoque. Céntrese en establecer relaciones, no solo en aumentar sus cifras.

7.2 Aprovechar los grupos de LinkedIn y LinkedIn Live

LinkedIn ofrece varias funciones diseñadas para ayudarte a ampliar tu alcance e influencia, incluidos los Grupos de LinkedIn y LinkedIn Live.

Grupos de LinkedIn

Los grupos de LinkedIn son comunidades creadas en torno a sectores, temas o intereses específicos. Unirte y participar en grupos relevantes puede ayudarte a conectar con profesionales afines y establecer tu presencia en tu nicho.

Medidas de actuación:

- Únete a grupos de LinkedIn relacionados con tu sector o especialidad.
- Participe en los debates compartiendo ideas, haciendo preguntas y aportando valor.
- Si no existe ningún grupo en su nicho, considere la posibilidad de crear uno para crear una comunidad en torno a su experiencia.

LinkedIn en directo

LinkedIn Live te permite transmitir contenido de vídeo en directo a tu red en tiempo real. Se trata de una potente herramienta para interactuar con tu audiencia, organizar debates y crear autoridad en tu nicho.

Medidas de actuación:

- Planifique una sesión de LinkedIn Live para debatir un tema de actualidad o compartir información valiosa con su audiencia.
- Invite a conferenciantes para que colaboren y aporten una nueva perspectiva.
- Utiliza LinkedIn Live para interactuar con tu audiencia en tiempo real, responder a sus preguntas y fomentar conexiones más profundas.

7.3 Colaboración con otros influyentes

Colaborar con otras personas influyentes de LinkedIn o con profesionales de tu sector es una forma eficaz de ampliar tu alcance. Cuando colaboras, aprovechas las redes de los demás y te presentas a un público nuevo.

Tipos de colaboración:

- **Posts invitados**: Escribe un post invitado para alguien de tu sector o invítale a escribir uno para ti.
- **LinkedIn Live conjuntos**: Coorganiza una sesión de LinkedIn Live con otra persona influyente para ofrecer más valor a ambas audiencias.
- **Contenido colaborativo**: Colabora para crear una guía, un informe o una serie de publicaciones que beneficien a tus seguidores.

Medidas de actuación:

- Ponte en contacto con personas influyentes de tu nicho y proponles ideas de colaboración que beneficien a ambos.
- Céntrese en crear situaciones en las que todos salgan ganando y en las que ambos aporten valor al público del otro.

7.4 Convertirse en líder de opinión

Un líder de opinión es alguien reconocido como una autoridad en su campo. A medida que amplíes tu red de contactos y sigas compartiendo contenidos de valor, empezarás a posicionarte de forma natural como líder de opinión. Los líderes de opinión suelen ser invitados a hablar en eventos, colaborar con marcas y compartir su experiencia en plataformas más amplias.

Cómo posicionarse como líder de opinión:

- **Participe en eventos**: Ponte en contacto con organizadores de eventos o participa en mesas redondas de conferencias del sector para compartir tus conocimientos.
- **Publique investigaciones originales**: Si es posible, publique datos, informes o ideas que ofrezcan perspectivas únicas en su nicho.

- **Sea coherente**: El liderazgo de pensamiento se construye con el tiempo. Preséntese con regularidad, aporte valor y comprométase con su público para consolidar su posición.

Resumen del capítulo

Ampliar tu red de LinkedIn consiste en crear conexiones significativas con las personas adecuadas. Compartiendo contenido valioso, interactuando con los demás y aprovechando los grupos de LinkedIn, LinkedIn Live y las colaboraciones, aumentarás tu influencia y te posicionarás como líder de opinión. Recuerda que el networking es una cuestión de calidad, no de cantidad: céntrate en construir relaciones reales que aporten valor a ambas partes.

Capítulo 8: Evitar los errores más comunes y mantener la autenticidad

A medida que aumentas tu influencia en LinkedIn, es importante evitar los errores comunes que pueden descarrilar tus esfuerzos. En la búsqueda del crecimiento, muchos aspirantes a influencers caen en trampas como centrarse demasiado en las métricas de vanidad, perder su autenticidad o quemarse.

En este capítulo, hablaremos de los errores más comunes que debes evitar, de cómo ser fiel a ti mismo y de cómo mantener un equilibrio saludable mientras haces crecer tu presencia en LinkedIn.

8.1 Los riesgos de centrarse en métricas de vanidad

Las métricas de vanidad son cifras que parecen impresionantes pero que no reflejan necesariamente un compromiso o impacto significativos. Por ejemplo, el número de seguidores o las impresiones. Aunque es tentador perseguir grandes cifras, centrarse demasiado en las métricas de vanidad puede conducir a un crecimiento poco auténtico y a la pérdida de oportunidades.

Por qué no importan las métricas de vanidad:

- **Un gran número de seguidores no equivale a un gran compromiso**: Puedes tener miles de seguidores, pero si ninguno de ellos interactúa con tu contenido, no significa mucho.
- **Las impresiones no garantizan la influencia**: El hecho de que un gran número de personas haya visto tu publicación no significa que hayan realizado ninguna acción significativa.

Medidas de actuación:

- Céntrate en las métricas de participación, como comentarios, comparticiones y debates. Reflejan la interacción genuina y el interés por tu contenido.
- No te obsesiones con el número de seguidores. Es mejor tener 1.000 seguidores muy comprometidos que 10.000 a los que no les interesa lo que dices.

8.2 Mantener la autenticidad en los contenidos y las interacciones

La autenticidad es una de las cualidades más importantes para un influencer de LinkedIn. La gente se da cuenta de que eres auténtico, y es más probable que confíen en ti y se comprometan contigo si sienten que eres real. En la búsqueda de influencia, es fácil caer en la trampa de tratar de ser alguien que no eres, pero ese enfoque no conducirá a un éxito duradero.

Cómo seguir siendo auténtico:

- **Sé tú mismo**: No trates de imitar a otras personas influyentes ni adoptes un personaje que no se parezca a ti. La autenticidad brilla con luz propia y tu público apreciará tu honestidad.
- **Comparta sus experiencias reales**: Hable de sus éxitos, pero comparta también sus retos y fracasos. La vulnerabilidad crea conexión.
- **Participa con autenticidad**: Cuando comentes las publicaciones de otros o respondas a comentarios, sé auténtico en tus respuestas. La gente se da cuenta de que estás actuando de forma rutinaria.

8.3 Cómo lidiar con los trolls, la negatividad y las críticas

A medida que aumente su influencia, es posible que encuentre negatividad o críticas. Aunque algunos comentarios pueden ser constructivos, otros pueden tratar simplemente de derribarte. Es importante aprender a manejar las críticas con elegancia y no dejar que la negatividad descarrile tu progreso.

Cómo manejar a los trolls y las críticas:

- **No alimentes a los trolls**: A los trolls les encanta llamar la atención. Si alguien es deliberadamente negativo o incendiario, lo mejor es ignorarlo.
- **Acepte las críticas constructivas**: Si alguien te ofrece un comentario reflexivo, entabla con él una conversación respetuosa. Puede que aprendas algo valioso y tu público apreciará tu franqueza.
- **Utiliza las funciones de bloqueo y denuncia**: Si alguien te acosa o trolea de forma persistente, no dudes en bloquearlo o denunciar su comportamiento a LinkedIn.

8.4 Mantener la salud mental y evitar el agotamiento

Aumentar tu influencia en LinkedIn requiere tiempo y esfuerzo, y es fácil agotarse si no te cuidas. Crear contenido de forma constante, interactuar con tu audiencia y gestionar tu marca puede resultar abrumador si no se equilibra adecuadamente.

Consejos para evitar el agotamiento:

- **Pon límites**: No sientas que tienes que estar conectado todo el tiempo. Fija horarios concretos para conectarte a LinkedIn y cúmplelos.
- **Tómate descansos**: Si te sientes abrumado, aléjate un día o dos. Tu público seguirá ahí cuando vuelvas.
- **Delegue cuando sea posible**: A medida que crezcas, puedes plantearte contratar a un asistente virtual o a un gestor de redes sociales para que te ayude con algunas de las tareas más rutinarias, como programar las publicaciones o gestionar los comentarios.

Resumen del capítulo

A medida que aumente su influencia en LinkedIn, es esencial evitar errores comunes como centrarse en métricas de vanidad, perder autenticidad y agotarse. Mantente fiel a ti mismo, participa de forma significativa y cuida de tu salud mental para garantizar el éxito a largo plazo. La autenticidad y la resiliencia son tus mejores bazas para construir una influencia duradera.

Capítulo 9: Monetizar su influencia en LinkedIn

Convertirse en una persona influyente en LinkedIn no consiste solo en hacer crecer tu red y compartir contenidos, también puede ser una vía de monetización. Tanto si quieres vender servicios, asociarte con marcas u ofrecer servicios de consultoría, LinkedIn ofrece numerosas oportunidades para convertir tu influencia en ingresos.

En este capítulo, exploraremos las distintas formas de monetizar tu presencia en LinkedIn y crear un flujo de ingresos sostenible.

9.1 Cómo ganan dinero los influencers de LinkedIn

Hay varias formas de monetizar tu influencia en LinkedIn, dependiendo de tu nicho, audiencia y experiencia. Estas son algunas de las fuentes de ingresos más habituales para los influencers de LinkedIn:

1. Consultoría y coaching

Muchos influencers de LinkedIn ofrecen servicios de consultoría o coaching basados en su experiencia. Ya seas un experto en marketing, un coach de liderazgo o un estratega de ventas, puedes aprovechar tu influencia para atraer a clientes dispuestos a pagar por tus consejos y orientación.

Medidas de actuación:

- Cree una oferta de servicios clara y describa el valor que aporta.
- Promociona tus servicios de consultoría a través de tu perfil y contenidos de LinkedIn.

- Utiliza la función de mensajería de LinkedIn para conectar con clientes potenciales y ofrecer consultas gratuitas o llamadas de descubrimiento.

2. Conferencias

A medida que aumente su influencia, es posible que le inviten a hablar en eventos, seminarios web o podcasts. Las charlas son una forma estupenda de demostrar tu experiencia, ganar credibilidad y recibir una remuneración por compartir tus conocimientos.

Medidas de actuación:

- Empieza hablando en eventos más pequeños o en seminarios web para construir tu cartera de ponencias.
- Póngase en contacto con organizadores de eventos de su sector y preséntese como ponente.
- Comparta clips o grabaciones de sus conferencias en LinkedIn para atraer más oportunidades.

3. Contenidos patrocinados y asociaciones de marcas

Las marcas siempre están buscando influencers que puedan ayudarles a llegar a su público objetivo. Como influencer de LinkedIn, puedes colaborar con las marcas para promocionar sus productos o servicios a través de publicaciones patrocinadas, reseñas o asociaciones de contenido.

Medidas de actuación:

- Elabore un kit de prensa que describa los datos demográficos de su audiencia, las métricas de participación y los tipos de colaboración que ofrece.
- Póngase en contacto con marcas afines a su nicho y ofrézcales oportunidades de asociación.
- Sea transparente con su audiencia cuando comparta contenido patrocinado para mantener la confianza y la autenticidad.

4. Cursos en línea y seminarios web

Si tienes conocimientos valiosos, plantéate crear y vender cursos en línea o seminarios web. LinkedIn es una gran plataforma para promocionar estos productos entre tu audiencia, y te permite convertir tus conocimientos en una fuente de ingresos escalable.

Medidas de actuación:

- Elija un tema que se ajuste a sus conocimientos y que tenga demanda en su nicho.
- Cree un curso en línea o seminario web de alta calidad que ofrezca un valor real a su audiencia.
- Promocione su curso a través de publicaciones, artículos y mensajes directos en LinkedIn.

5. Marketing de afiliación

El marketing de afiliación consiste en promocionar productos o servicios y ganar una comisión por cada venta realizada a través de su enlace único de referencia. Puede ser una fuente de ingresos pasiva, sobre todo si promocionas productos o servicios muy relevantes para tu público.

Medidas de actuación:

- Elija programas de afiliación que se ajusten a su nicho y audiencia.
- Comparta reseñas o recomendaciones sinceras y auténticas a través de sus contenidos.
- Indique siempre si utiliza enlaces de afiliación para mantener la transparencia con su público.

9.2 Crear una cartera de servicios

A medida que crece tu influencia, es importante diversificar tus fuentes de ingresos. Ofreciendo una variedad de servicios -como consultoría, conferencias, cursos online y asociaciones con marcas-

puedes construir un negocio sostenible en torno a tu presencia en LinkedIn.

Medidas de actuación:

- Cree una cartera clara de los servicios que ofrece, con precios y resultados.
- Promocione sus servicios con regularidad a través de publicaciones, artículos y su perfil en LinkedIn.
- Esté abierto a adaptar su oferta de servicios a medida que crece su público y evolucionan sus conocimientos.

9.3 Crear asociaciones de marcas y acuerdos de patrocinio

Colaborar con marcas es una de las formas más lucrativas de rentabilizar tu influencia en LinkedIn. Las marcas están dispuestas a pagar por exponerse a tu audiencia, pero es importante elegir colaboraciones que se alineen con tu marca y aporten valor a tus seguidores.

Pasos para conseguir asociaciones de marca:

1. **Elabore su kit de prensa**: Incluye los datos demográficos de tu audiencia, las métricas de participación y los tipos de contenido que creas.
2. **Acércate a las marcas**: Identifica marcas afines a tu nicho y propón ideas de colaboración que ofrezcan valor mutuo.
3. **Mantén la autenticidad**: Asóciate únicamente con marcas en las que creas de verdad y asegúrate de revelar a tu audiencia el contenido patrocinado.

9.4 Ofrecer seminarios web, formación y entrenamiento remunerados

LinkedIn es una gran plataforma para promocionar seminarios web de pago, programas de coaching y sesiones de formación. Estas ofertas le permiten compartir su experiencia y generar ingresos.

Además, los seminarios web y los programas de formación pueden ampliarse, lo que te permite llegar a un público más amplio.

Medidas de actuación:

- Planifique y promocione un seminario web o una sesión de formación de pago que se ajuste a las necesidades de su público.
- Utilice las publicaciones, los artículos y los mensajes de LinkedIn para promocionar su oferta e impulsar las inscripciones.
- Considere la posibilidad de ofrecer un seminario web o una sesión de coaching gratuitos como introducción a sus servicios de pago.

9.5 Convertir la influencia en ingresos: Estrategias paso a paso

Aquí tienes una guía paso a paso para rentabilizar tu influencia en LinkedIn:

Paso 1: Crear una audiencia de confianza y comprometida

Antes de monetizar tu influencia en LinkedIn, tienes que generar confianza entre tu audiencia. Céntrate en aportar valor, interactuar con tus seguidores y establecerte como una autoridad en tu nicho.

Paso 2: Diversifique sus fuentes de ingresos

Una vez que haya conseguido una audiencia sólida, diversifique sus fuentes de ingresos ofreciendo una combinación de consultoría, conferencias, cursos en línea y colaboraciones con marcas.

Paso 3: Promocione sus servicios

Utilice LinkedIn para promocionar sus servicios con regularidad. Comparta historias de éxito, testimonios y casos prácticos para mostrar el valor que aporta.

Paso 4: Colaborar con las marcas

Ponte en contacto con marcas afines a tu nicho y a tu audiencia. Propón acuerdos de patrocinio, publicaciones patrocinadas o colaboraciones con marcas que beneficien a ambas partes.

Paso 5: Amplíe su oferta

A medida que crezca tu influencia, busca oportunidades para ampliar tus servicios. Por ejemplo, ofreciendo formación en grupo, creando productos digitales o desarrollando un servicio de suscripción.

Resumen del capítulo

Monetizar tu influencia en LinkedIn es posible a través de diversas fuentes de ingresos, como la consultoría, las conferencias, los cursos online y las colaboraciones con marcas. Si consigues una audiencia de confianza, diversificas tus fuentes de ingresos y amplías tu oferta, podrás convertir tu influencia en LinkedIn en un negocio sostenible. La clave está en ser auténtico, aportar valor y establecer relaciones duraderas con tu público y tus socios.

Conclusiones: El camino por recorrer

¡Enhorabuena por haber completado este viaje! Has aprendido el proceso paso a paso para convertirte en una persona influyente en LinkedIn, desde la creación de un perfil magnético hasta la elaboración de contenidos atractivos, el crecimiento de tu red e incluso la monetización de tu influencia. Pero recuerda que la influencia no se construye de la noche a la mañana: requiere constancia, autenticidad y un deseo genuino de aportar valor a los demás.

Mientras sigues aumentando tu presencia en LinkedIn, ten en cuenta estas lecciones clave:

- **Sea constante**: Preséntese con regularidad, publique contenidos valiosos y comprométase con su público.
- **Sé auténtico**: La gente conecta con voces reales y genuinas. No intentes ser alguien que no eres.
- **Céntrese en las relaciones**: La influencia va más allá de los números: se trata de crear conexiones significativas y aportar valor a los demás.

El camino que tienes por delante está lleno de oportunidades. Tanto si quieres hacer crecer tu marca, avanzar en tu carrera profesional o crear un negocio rentable, LinkedIn es tu plataforma para conseguirlo. Así que sal ahí fuera, empieza a publicar, interactúa con tu red y observa cómo crece tu influencia.

Lista de control de ejecución de 90 días: Tu hoja de ruta para influir en LinkedIn

Aquí tienes un plan de 90 días que te ayudará a poner en práctica todo lo que has aprendido en este libro y empezar a aumentar tu influencia en LinkedIn:

Semanas 1-2: Optimización del perfil

- Actualiza tu foto de perfil y tu imagen de fondo.
- Escriba un titular convincente que refleje su nicho.
- Elabore una sección "Acerca de" atractiva que cuente la historia de su marca personal.
- Optimice sus secciones de experiencia y competencias con palabras clave relevantes.
- Añade medios, proyectos y logros para mostrar tu experiencia.

Semanas 3-4: Identifique su nicho y su público

- Utilice ejercicios para identificar su nicho y su público ideal.
- Defina sus pilares de contenido (3-4 temas clave) que se alineen con su nicho.
- Investigue las necesidades y retos de su público para adaptar sus contenidos.

Semanas 5-6: Empezar a publicar contenido coherente

- Publique tres veces a la semana en distintos formatos (texto, imágenes, vídeos).
- Céntrese en contar historias atractivas y en ofrecer valor a su audiencia.
- Utilice las CTA para invitar a la participación y suscitar conversaciones en los comentarios.

Semanas 7-9: Aumente su compromiso y amplíe su red de contactos

- Comente con detenimiento entre 10 y 15 entradas al día sobre su nicho.
- Envíe entre 5 y 10 solicitudes de conexión personalizadas al día.
- Colabora con una persona influyente o un colega en una publicación conjunta o en LinkedIn Live.**Semanas 10-12: Analizar, perfeccionar y monetizar**

- Revise sus análisis de LinkedIn para realizar un seguimiento del rendimiento y la participación.
- Realice pruebas A/B de las ideas de contenido para identificar lo que mejor resuena entre su audiencia.
- Empieza a promocionar tus servicios (consultoría, coaching, webinars) o a colaborar con marcas.

www.ingramcontent.com/pod-product-compliance
Lightning Source LLC
Chambersburg PA
CBHW070939220526
45469CB00007B/2441